BEI GRIN MACHT SICH IHR WISSEN BEZAHLT

- Wir veröffentlichen Ihre Hausarbeit,
  Bachelor- und Masterarbeit

- Ihr eigenes eBook und Buch -
  weltweit in allen wichtigen Shops

- Verdienen Sie an jedem Verkauf

Jetzt bei www.GRIN.com hochladen und kostenlos publizieren

Operationalisierung des Konstrukts "Kundenbindung". Was bewegt Individuen dazu, eine Zeitschrift längerfristig zu abonnieren?

Julia Schierle

Bibliografische Information der Deutschen Nationalbibliothek:

Die Deutsche Nationalbibliothek verzeichnet diese Publikation in der Deutschen Nationalbibliografie; detaillierte bibliografische Daten sind im Internet über http://dnb.d-nb.de abrufbar.

ISBN: 9783346299789
Dieses Buch ist auch als E-Book erhältlich.

Druck und Bindung: Books on Demand GmbH, Norderstedt Germany
Gedruckt auf säurefreiem Papier aus verantwortungsvollen Quellen

Das vorliegende Werk wurde sorgfältig erarbeitet. Dennoch übernehmen Autoren und Verlag für die Richtigkeit von Angaben, Hinweisen, Links und Ratschlägen sowie eventuelle Druckfehler keine Haftung.

Das Buch bei GRIN: https://www.grin.com/document/956118

Operationalisierung des Konstrukts Kundenbindung bei Abonnementzeitschriften und Konzeption eines vollständigen Interviewleitfadens

Einsendeaufgabe

Online eingereicht am: :   26.08.2019

Julia Schierle

Inhaltsverzeichnis

1 Abkürzungsverzeichnis

K.o.-Kriterium   für die Entscheidung einer Frage allein ausreichendes
Kriterium

2 Anlagenverzeichnis

Anhang 1 – Interviewleitfaden

Anhang 2 – Kurzfragebogen

Anhang 3 – Beiblatt

3   Konzeption eines Interviewleitfadens

3.1   Entwicklung der Forschungsfrage

Zunächst soll im Rahmen der vorgegebenen Aufgabenstellung die Entwicklung der Forschungsfrage stattfinden. Da die grundlegende Idee bereits innerhalb der Vorgaben entwickelt und das Forschungsthema im Hinblick auf die *Kundenbindung bei Abonnementzeitschriften* festgelegt wurde, ist an dieser Stelle zu erwähnen, dass lediglich die Ausformulierung der spezifischen Leitfrage im Kontext aussteht.

In Bezug auf die empirische Untersuchung der interviewten Personen wurden zu Beginn die jeweiligen Ebenen der Forschungsfrage, die als Leitfaden für den gesamten Interviewprozess fungiert, festgelegt. Dabei liegt der Fokus auf der (begründenden) Erklärungs- und der (detaillierenden) Beschreibungsebene. Um einen möglichsten hohen Mehrwert hinsichtlich der im Anschluss an die Interviewarbeit anstehenden Auswertung zu generieren, wird dabei ein besonderer Wert daraufgelegt, diese Frage so spezifisch wie möglich, jedoch auch so einfach und präzise zu formulieren.

Der hier vorliegende Forschungsgegenstand *Kundenbindung* impliziert eine Zweiteilung der Begrifflichkeit: *Kunde* bedeutet, dass die jeweilige Person in einem zahlungspflichtigen Vertragsverhältnis mit dem Herausgeber der Zeitschrift steht. Im Rahmen der Untersuchung soll dabei verdeutlicht werden, warum Individuen dazu bereit sind, einen derartigen Vertrag zu unterzeichnen und damit die Bereitschaft aufbringen, regelmäßige Zahlungen für dieses Produkt zu leisten. Der Teilbegriff *Bindung* verdeutlicht, dass vor allem diejenigen Beweggründe für den forschungsseitigen Teil der Befragung von Relevanz sind, die das Individuum zu einer langfristigen Verlängerung des oben genannten Vertrags motivieren.

Aus der Forschungsfrage leiten sich grundlegend alle weiteren Fragestellungen innerhalb des Interviews ab. Daher hat sich nach mehrfachen Umformulierungen unter der Berücksichtigung der Konkretisierung einer solchen Fragestellung im Hinblick auf die qualitative Sozialforschung folgende Leitfrage entwickelt: *„Was bewegt Individuen dazu, eine Zeitschrift längerfristig zu abonnieren?"*. Dabei beziehen sich die Begriffe *Individuen* sowie *längerfristig* konkret auf die Definition der im vorherigen Abschnitt beschriebenen Teilbegriffe.

3.2 Deduktive Kategorienbildung

Im Hinblick auf die Fragestellung der empirischen Untersuchung, wonach genau in den jeweilig durchgeführten Interviews gesucht wird, wurden zuvor festgelegte Schlüsselbegriffe in Kategorien eingeordnet. Das daraus entstandene Kategoriensystem fungiert dabei als Orientierungsschwerpunkt für die Durchführung und Auswertung der entstehenden Transkripte. Diese deduktive Form der Herangehensweise soll dazu dienen, die Antworten im Rahmen des Interviewverlaufs in vorgefertigte Kategorien einzuordnen und gleichzeitig den Gesprächsleiter während des Interviews an die vorangestellten Zielsetzungen erinnern.

Die zu Beginn aufgestellte Kategorie umfasst den thematischen Schwerpunkt der *Mediennutzung*, beziehungsweise die Art der genutzten Medien. Dabei sollen im weiteren Verlauf vor allem mögliche Verknüpfungen zur alltäglichen Verhaltensweise der interviewten Personen hergestellt werden. Ob die befragten Individuen das Verlangen verspüren, unterschiedliche Arten von Abonnementzeitschriften zu beziehen oder einen generellen Wunsch äußern, Abwechslung innerhalb eines Mediums zu erhalten, stellt den Inhalt der zweiten Kategorie mit dem definierten Oberbegriff *Abwechslungswunsch* dar. Des Weiteren soll die allgemeine sowie die partielle *Zufriedenheit* der Individuen im Hinblick auf die Inhalte in einer weiteren Kategorie des Obersystems geprüft werden. Im Verlaufe der Bildung des Kategoriensystems hat sich vor allem der Schlüsselbegriff *Mehrwert* herauskristallisiert. Interessant ist an dieser Stelle auch, ob es sich für die Befragten dabei um rein funktionale und/oder emotionale Mehrwerte in Bezug auf das jeweilige Medium handelt. Zwar scheinen Erzählimpulse, beziehungsweise Fragestellungen, bezüglich des *Kostenfaktors* zunächst geschlossen in ihrer Aussagemöglichkeit, jedoch sollen dabei ein spezifischer Fokus auf die Bereitschaft zur Bindung an ein Nutzmedium erforscht werden. Abschließend wurde eine weitere Kategorie unter dem Oberbegriff der *sozioökonomischen Hintergründe* aufgestellt, die etwaige Aussagen gezielt auf die persönlichen Hintergründe der Individuen transferiert.

Aus diesem Kategoriensystem wurden alle weiteren Formulierungen für im Interview auftauchenden Fragen und Erzählimpulse hinsichtlich der gebildeten Kategorien abgeleitet. Dieses stellt damit den Grundbaustein für die weitere Vorgehensweise bei der Erstellung des Interviewleitfadens dar.

3.3   Erstellung des Leitfadens

Für die Erstellung der konkreten Fragen und Erzählimpulse des Interviewleitfadens wurden in einem ersten Schritt wichtige Vorüberlegungen zur Konzeption dieser getroffen. In Bezug auf die Fragestellungen des Leitfadens gilt an dieser Stelle zu sagen, dass diese leicht verständlich, aber dennoch sehr präzise formuliert werden sollen. Insbesondere soll die jeweils befragte Person durch alltagsnahe Formulierungen dazu angeregt werden, möglichst viel über die erfragte Thematik preiszugeben. Jegliche Erzählimpulse, die an ausgewählten Stellen eingebracht wurden, sollen dem Interviewten möglichst viel Raum bieten, sich über den Forschungsgegenstand zu äußern. Dies soll zudem dazu dienen, die allgemeine Gesprächssituation zu entspannen und dem Befragten die Möglichkeit bieten, sich für das eingeleitete Thema zu öffnen. Dabei wurde ein hoher Wert daraufgelegt, die Fragestellungen und Erzählimpulse so differenziert wie möglich zu formulieren, um ein reines Frage-Antwort-Interview zu vermeiden und das Gespräch abwechslungsreich zu gestalten. Um die befragten Individuen zu Beginn des Interviews nicht zu überfordern, wurden die Fragen der subjektiven Komplexität nach geordnet.

Für die Vorlage des zu konstruierenden Leitfadens wurden insgesamt drei Spalten aufgestellt, wobei die erste Spalte die oben genannten Fragestellungen und Erzählimpulse beinhaltet. Die zweite Spalte soll den Gesprächsführer während des Interviews dahingehend erinnern, welche der oben aufgeführten Kategorien mit den jeweiligen Fragen und Erzählimpulsen verbunden sind. Aufgrund der Tatsache, dass eine Aussage mehrere Informationen enthalten kann, die verschiedenen Kategorien zugeordnet werden können, wurden entsprechende Vorabüberlegungen angestellt und in der Spalte notiert. Da es im Rahmen des Interviews dazu kommen kann, dass das Gespräch durch spezielle Umstände, welche beispielsweise auf der mangelhaften Kommunikation des Interviewten basieren könnten, dazu droht, abzureißen, wurden für den Eintritt dieses Falles Fragen und Anreize in der dritten Spalte vorab dokumentiert, die dazu führen sollen, den Gesprächsfluss aufrecht zu erhalten, beziehungsweise zu steuern.

Um direkt zu Beginn des Interviews einen möglichst großen Spielraum für den Befragten zu kreieren und die Gesamtsituation so entspannt wie möglich zu gestalten, wird das Gespräch zunächst mit einer Kombination aus einer spezifischen Frage mit einem offenen Erzählimpuls eingeleitet[1]. Da man davon ausgehen kann, dass befragte Personen aufgrund der Situation unbewusst teils keine vollständige Auskunft über ihre momentane Situation bezüglich Abonnements von Zeitschriften geben, wird dieser Aspekt in der Anschlussfrage konkretisiert[2]. Die darauffolgende Formulierung der Fragestellung scheint zwar auf den ersten Blick keinen qualitativen Mehrwert zu bieten, jedoch soll diese den Interviewten dazu anregen, mehr Informationen als eigentlich erfragt preiszugeben[3]. In Verbindung mit der daran anknüpfenden Formulierung ist es definitiv denkbar, dass etwaige Emotionen und interessante, freie Erzählungen zur Thematik bereits an dieser Stelle zu vernehmen sind[4]. Ein darauffolgender Erzählimpuls wurde an diesem Punkt bewusst eingesetzt, um den Fokus des Gesprächs nun konkret auf die Aussagen der interviewten Person zu lenken und ihr das Gefühl zu vermitteln, das Gespräch zu leiten[5]. Damit soll im weiteren Verlauf eine generelle Grundoffenheit für die Thematik erzielt werden, sodass der generierte Mehrwert der entstehenden Transkripte möglichst hoch ist. In Bezug auf die Bindung des Kunden an ein Abonnement einer Zeitschrift wurden die nächsten beiden Fragen, beziehungsweise Erzählimpulse, unter der Berücksichtigung, mehrere Kategorien abzudecken, sehr offen konzipiert, um Aussagen in verschiedene Richtungen einordnen zu können[6]. An dieser Stelle erhofft man sich eine möglichst weitreichende Ausführung der Aussagen in Verbindung mit subjektiv wahrgenommenen Eindrücken während des Erzählens, um etwaige Positionen der Befragten bereits frühzeitig zu identifizieren. Die im Anschluss stehende, indirekte Fragestellung zu Verbesserungsvorschlägen der genutzten Medien wurde vorrangig dazu formuliert, einen großen Spielraum in Bezug auf die möglichen Antworten zu schaffen und damit den qualitativen Mehrwert des Interviews im Allgemeinen zu steigern[7]. Im weiteren Gesprächsverlauf wird nun zum ersten Mal gezielt verlangt, Position zu den sozioökonomischen Hintergründen eines Zeitschriftenabonnements zu beziehen. Soziale Gruppenzugehörigkeiten und politische Orientierungen können beispielsweise an dieser Stelle als Beweggründe wahrgenommen werden[8]. Inwiefern Kostenfaktoren einen Einfluss auf die Bereitschaft zur Bindung an ein Abonnement nehmen, soll in den beiden Folgefragen verdeutlicht

---

[1] vgl. Anhang 1 – Interviewleitfaden, Punkt 1
[2] vgl. Anhang 1 – Interviewleitfaden, Punkt 2
[3] vgl. Anhang 1 – Interviewleitfaden, Punkt 3
[4] vgl. Anhang 1 – Interviewleitfaden, Punkt 4
[5] vgl. Anhang 1 – Interviewleitfaden, Punkt 5
[6] vgl. Anhang 1 – Interviewleitfaden, Punkt 6, 7
[7] vgl. Anhang 1 – Interviewleitfaden, Punkt 8
[8] vgl. Anhang 1 – Interviewleitfaden, Punkt 9

werden. Dabei zielt die potentielle Beantwortung der Frage überhaupt nicht darauf ab, welchen Betrag die befragte Person in einem erfragten Zeitraum zahlt, sondern vielmehr, wie sich dieses Individuum während der Aussage verhält und welche Verbindungen zu kostentechnischen Faktoren im Allgemeinen hergestellt werden[9]. Um die alltägliche Einflussnahme der Zeitschriftenabonnements auf den Lebensverlauf der Interviewten kategorisch nachzuvollziehen, wird der Person zunächst die Präsenz der Zeitschrift verdeutlicht und im Anschluss konkret erfragt, welcher Mehrwert dadurch erschaffen wird[10]. Da im Rahmen der qualitativen Forschung jegliche Informationen zur Forschungsfrage relevant sind, wird das Gespräch mit einem offenen Erzählimpuls beendet, wobei diese Formulierung darauf abzielt, möglichst viel Material aus freien Erzählungen, die beispielsweise im Rahmen des Interviewleitfadens nicht erfasst, aber dennoch in das Kategoriensystem einzuordnen sind, zu erfassen[11].

3.4   Beschreibung der qualitativen Stichprobe

Zu Beginn der Stichprobenziehung im Rahmen einer qualitativen Untersuchung musste geklärt werden, welche Personen überhaupt für die Durchführung des Interviews als geeignet gelten. Als K.o.-Kriterium wurde deshalb die Notwendigkeit aufgestellt, dass befragte Personen zum Zeitpunkt des Gespräches mindestens eine Zeitschrift abonnieren.

Ansätze der kontrastierten Stichprobenziehung wurden dabei im Hinblick auf die demografischen Unterschiede der interviewten Individuen inkludiert: So wurden für diese Personen zwei Kategorien erstellt, die jeweils in drei Unterkategorien aufgeteilt wurden. Eine qualitative Stichprobenziehung soll dann in einem gleichmäßigen Ausmaß erfolgen. Zum einen wird hinsichtlich des Alters der Personen differenziert, wobei hier zwischen 20 – 30 Jährigen (*Anfang der Erwerbstätigkeit*), 30-65 Jährigen (*Haupterwerbsalter*) und 65 + Jährigen (*Rentner*) unterschieden wird. Der zweite kategorische Inhalt nimmt Bezug auf die sozialen Schichten der interviewten Personen und soll durch das Berufsfeld und dem damit verbundenen Einkommen gegliedert werden. Dabei belaufen sich die Unterkategorien auf die Begriffe *soziale Unter-, Mittel- und Oberschicht.*

---

[9] vgl. Anhang 1 – Interviewleitfaden, Punkt 10, 11
[10] vgl. Anhang 1 – Interviewleitfaden, Punkt 12, 13
[11] vgl. Anhang 1 – Interviewleitfaden, Punkt 14

Zu erwähnen ist an dieser Stelle auch, dass im Falle einer auftretenden Schwierigkeit, ausreichend passende Personen für das Interview zu identifizieren, mit dem Schneeballsystem gearbeitet werden kann und die Interviewten dazu befragt werden können, welche Personen aus ihrem sozialen Umfeld für das Gespräch geeignet sein könnten.

3.5 Durchführung des Interviews

Für die explizite Durchführung der Interviews mit den nach oben genannten Kriterien ausgewählten Individuen müssen in einem ersten Schritt spezifische Vorbereitungen für die Gesamtsituation während des Gespräches getroffen werden.

Die Räumlichkeit, in der die Befragung stattfindet, soll an die sozialen Verhältnisse der Personen angepasst werden und dazu einladen, gerne Zeit in der Einrichtung zu verbringen. Dabei ist es essentiell, dass die Inneneinrichtung unter Einbezug von bequemen Sitzgelegenheiten ansprechend wirkt, aber unter keinen Umständen dazu einlädt, vom eigentlichen Fokus – dem Gespräch – abzuschweifen.

Ebenfalls zu beachten ist, dass äußere Störfaktoren so weit wie nur möglich vermieden werden, um genau diesen Fokus während des Interviews beizubehalten. Räume, in denen die Interviewgespräche stattfinden, sollten daher nicht für die Öffentlichkeit zugänglich sein und jegliche Störungen durch Lärm oder visuelle Effekte vermieden werden.

Wurde die Person in Empfang genommen, wird sie nach einer freundlichen Begrüßung, die unter Umständen sogar in ein kurzes Privatgespräch übergehen kann, um so bereits vor Gesprächsbeginn eine subjektive Einschätzung der gegenüberstehenden Person zu erhalten, über datenschutzrechtliche Verordnungen belehrt. Im Anschluss daran erfolgt eine kurze Vorstellung des Forschungsprojektes durch den Gesprächsleiter, die in eine Beschreibung des Ablaufs während des Interviews übergeht. Dieses Prozedere soll dazu dienen, etwaige Spannungen zu lösen und eine angenehme Atmosphäre für den Gesprächspartner zu kreieren. Der erste aktive Schritt der interviewten Person folgt direkt im Anschluss: Sie wird – auf freiwilliger Basis – darum gebeten, einen vorgefertigten Kurzfragebogen[12] zur eigenen Person, welcher demografische Daten abfragt und Raum für eine kurze Vorstellung bietet, auszufüllen.

Anschließend beginnt das Interview und reicht unter der Berücksichtigung des oben entwickelten Leitfadens von der Einleitungsfrage über den Hauptfragen/- erzählimpulsteil bis hin zur abschließenden, offenen Erzählaufforderung.

Der interviewten Person wird darauffolgend dafür gedankt, dass sie sich die Zeit für das Interview genommen hat, zum Ausgang begleitet und ordnungsgemäß verabschiedet. Unmittelbar im Anschluss daran füllt der Leiter des Gespräches ein dem Interviewbogen beiliegendes Dokument[13] aus, welches dazu dienen soll, die Rahmenbedingungen während des Interviews festzuhalten und jegliche, subjektive Eindrücke im Hinblick auf die Person, etwaige Auffälligkeiten und die allgemeine Situation festzuhalten.

4 Qualitative Fallauswahl

4.1 Begriffsdefinition

Im Anwendungsbereich der Sozialforschung steht die sogenannte qualitative Fallauswahl im Kontrast zu Ergebnisforschungen, die sich in ihrer Vielfalt auf quantitative Stichproben beziehen und damit eine genaue Auswertung der statistisch erhobenen Daten implizieren. Auftretende Phänomene und gewisse, auffällige Eventualitäten werden also in der qualitativen Forschung im Hinblick auf ihren Zweck und den damit verbundenen Entstehungsprozess auf sozialer Ebene untersucht. Des Weiteren geht eine bewusste Auswahl der jeweiligen Fälle, welche über unterschiedliche qualitative Verfahren – die im nachfolgenden Abschnitt genauer erläutert werden – getroffen wird, einher[14]. Die besagte Auswahl beschränkt sich im Regelfalle auf wenige Stichproben, die hinsichtlich gewisser Phänomene untersucht werden sollen.

Differenziert wird dabei sowohl innerhalb der Vorgehensweise bei der Fallauswahl als auch bei der Zusammensetzung der jeweiligen Stichprobe, beziehungsweise dem Verhalten der individuellen Fälle in Bezug auf ihre Spezifikationen zueinander. Werden

---

[12] vgl. Anhang 2 – Kurzfragebogen
[13] vgl. Anhang 3 – Beiblatt
[14] vgl. Schreier 2010, S. 241f

die Kriterien für die Auswahl der Stichprobe bereits zu Beginn der Untersuchung auf Grundlage des bereits vorhandenen Wissens über den Gegenstand des Experiments festgelegt, so spricht man von einer fixen Vorgehensweise. Analog dazu existiert auf der Gegenseite ein flexibles Verfahren, welches sich durch die sukzessive Erarbeitung der Kriterien innerhalb des Verlaufes der Untersuchung auszeichnet[15]. Beide Vorgehensweisen sind zwar klar voneinander zu trennen, jedoch werden ebenso antistatische Prozedere angewandt, die eine Kombination beider Verfahren implizieren: So wird eine Untersuchung zunächst auf der Grundlage vorab festgelegter, spezifischer Kriterien durchgeführt und durch sich im weiteren Verlauf als relevant herausstellende Attribute ergänzt[16]. Auch das Ersetzen – beziehungsweise Schärfen – von Kriterien ist an dieser Stelle denkbar.

In Bezug auf die Zusammensetzung der Stichprobe gilt es an dieser Stelle ebenfalls, eine Abgrenzung deutlich zu machen: So unterscheidet man in der Sozialforschung zwischen homogenen und heterogenen Stichproben. Homogenität impliziert in diesem Falle die Auswahl gleichartiger Fälle dahingehend, ein spezifisches Phänomen sehr detailliert zu beschreiben, wobei zu erwähnen ist, dass sich Einzelfallstudien ebenso als Sonderfall in den Bereich der homogenen Stichproben einordnen[17]. Heterogene Zusammensetzungen behandeln in ihrer Untersuchung analog dazu unterschiedliche Fälle und zielen darauf ab, Theorien aufzustellen und die Veränderbarkeiten spezifischer Phänomene genauer zu beschreiben.

4.2 Verfahren

4.2.1 Theoretische Stichprobenziehung

Auf einem heterogenen Verfahren, welches mit dem konstanten Vergleich verschiedener Fälle arbeitet, basiert die sogenannte theoretische Stichprobenziehung (englisch: theoretical sampling). Aufgrund der Tatsache, dass die Auswahl der spezifischen Fälle nach der Signifikanz der sich im Verlaufe der Untersuchung ergebenden Kriterien erfolgt, ordnet sich die besagte Methode in die Reihe der flexiblen Vorgehensweisen ein[18]. Es werden dabei gezielt diejenigen Fälle ausgewählt, die bezüglich der relevanten Kriterien sowohl ähnliche als auch unterschiedliche

---

[15] vgl. Flick 2007, Kap. 7
[16] vgl. Schreier 2010, S243
[17] vgl. Schreier et. al 2007, Kap. 3.1
[18] vgl. Breuer 2009, Kap. 2

Eigenschaften aufweisen. Innerhalb des Untersuchungsverlaufs werden so lange Stichproben gezogen, beziehungsweise weitere Fälle in die Untersuchung involviert, bis die Einbeziehung neuer Fallbeispiele kein weiteres Abändern der zu prüfenden Theorie bedarf. Man spricht in der Fachterminologie beim Eintreten dieses Ereignisses von einer Sättigung der Theorie.

4.2.2 Kriteriengeleitete Stichprobenziehung

Im Vordergrund steht für eine an den Untersuchungskriterien orientierte Stichprobenziehung vor allem die konkrete Auswahl bestimmter Eigenschaften der Fallbeispiele. So werden unter der Prämisse, einige wenige Arten von Fällen zu erklären und zu verdeutlichen, unter anderem typische, kritische und abweichende Fälle untersucht[19]. Dabei gilt es an dieser Stelle zu sagen, dass die Anwendung eines derartigen Verfahrens ihren Nutzen vorrangig im Bereich der klinischen Psychologie zum Verifizieren oder Falsifizieren von Hypothesen findet. Da sich für derartige Sonderfälle sehr spezifische Kriterien vor der Untersuchung ergeben, kommen für die kriteriengeleitete Stichprobenziehung im Regelfall nur sehr wenige Fälle in Frage.

4.2.3 Qualitative Stichprobenpläne

Stichprobenpläne auf qualitativer Basis bieten sich genau dann an, wenn über das auftretende Phänomen zum Zeitpunkt der Untersuchung bereits ein gewisses Wissen vorliegt, um relevante Kriterien zu identifizieren. Dabei wird die Stichprobe – um eine möglichst hohe Variabilität in Bezug auf die Untersuchung zu gewährleisten – so heterogen wie potentiell möglich gehalten. Vor Beginn des Experimentes werden dazu diejenigen Eigenschaften festgelegt, die sich der Wahrscheinlichkeit nach zu urteilen auf den zu untersuchenden Gegenstand auswirken, beziehungsweise zu einer Diskrepanz beitragen. Anschließend findet ein Entscheidungsprozess statt, in dem festgelegt wird, welche Ausprägungsformen der jeweils vorangestellten Kriterien in den Plan einbezogen werden sollen. Die dazugehörige Auswertung erfolgt in einer sich ergebenden Kreuztabelle, in der die relevanten Faktoren inklusive ihrer Ausprägungen dargestellt werden. Damit einhergehend wird deutlich, dass die Erhöhung der Anzahl der Fälle schnell zu einer Vervielfachung der Faktor-Ausprägungs-Kombinationen führt, weshalb in der praktischen Anwendung meist nur wenige, unterschiedliche Fälle betrachtet werden[20]. Allerdings impliziert die Tatsache bezüglich der Einbeziehung von wenigen Fällen die Notwendigkeit, dass ein möglichst großes Spektrum an

---

[19] vgl. Michael Quinn Patton 2002, S.231ff.
[20] vgl. Schreier (2010), S. 245f.

Informationen über die spezifischen Eigenschaften der Stichprobe vorhanden sein muss, um eine zielführende Entscheidung über die Auswahl der Kriterien treffen zu können.

4.2.4 Analytische Induktion

Um den Rahmen der Anwendbarkeit einer Hypothese auf Praxisbeispiele zu überprüfen, beziehungsweise eine potentielle Erweiterung oder Veränderung innerhalb einer Theorie zu identifizieren, werden im Verfahren der analytischen Induktion bewusst Negativbeispiele ausgewählt, die zu einer solchen Hypothese im Widerspruch stehen[21]. Daraus folgend ergibt sich die Einschränkung auf eine geringe Anzahl an zu untersuchenden Fallbeispielen, die im Hinblick auf ein spezifisches Merkmal sehr stark voneinander abweichen.

4.2.5 Schneeballverfahren

Ein Verfahren, welches dem Prinzip eines Schneeballsystems nachahmend dazu führen soll, Individuen, die bestimmte Kriterien für die Aufnahme in eine Stichprobe erfüllen, dazu anzuregen, ihnen bekannte Personen aus dem (sozialen) Umfeld für die Untersuchung vorzuschlagen, die derartige Eigenschaften ebenfalls erfüllen, bezeichnet man als Schneeballverfahren. Praxisanwendung findet diese Art der qualitativen Fallauswahl genau dann, wenn sich der Zugang zu bestimmten Personengruppen für die Untersuchung als komplex erweist[22].

4.3 Repräsentative Stichprobenverfahren

Als Voraussetzung für die Repräsentativität einer Stichprobe gilt in erster Linie, dass die Wahl der zu untersuchenden Individuen aus einer Liste erfolgt, die alle Einheiten einer Grundgesamtheit umfasst. Dies impliziert des Weiteren die Notwendigkeit der Bedingung, dass eine Stichprobe in Bezug auf die Gesamtheit aller Einheiten groß genug sein muss. Im Wesentlichen belaufen sich derartige Verfahren - im Gegensatz zur qualitativen Fallauswahl, bei der gezielte Stichproben entnommen werden – auf Zufallsstichproben, weshalb jede Einheit die gleiche Wahrscheinlichkeit bezüglich der Aufnahme in die Stichprobe haben muss. Repräsentativität ist also zu jedem Untersuchungszeitpunkt genau davon abhängig, inwiefern die Grundgesamtheit durch die untersuchte Stichprobe abgebildet wird[23]. Der Bereich der qualitativen Fallauswahl

---

[21] vgl. Bühler-Niederberger (1985), Kap. 2
[22] vgl. Schreier (2010), S. 243
[23] vgl. Schreier (2010), S. 239f.

umfasst im Unterschied dazu jedoch ebenfalls Fälle, in denen Repräsentativität nicht zwangsläufig ein Kriterium darstellt: So werden vor allem in kriteriengeleiteten Stichprobenverfahren beispielsweise Individualfälle betrachtet und untersucht, die zu keinem Zeitpunkt die Bedingung der Repräsentativität erfordern. Relevant ist ein repräsentatives Verfahren also nur dann, wenn auf Grundlage einer Eigenschaftsverteilung innerhalb der Stichprobe auf die Verteilung der gleichen Eigenschaft in einer Grundgesamtheit geschlossen werden soll. An dieser Stelle gilt es demnach zu erläutern, welchen Einfluss die zuvor bestehende Grundgesamtheit auf die Auswahl und vor allem die Größe der jeweiligen Stichprobe nimmt. Ist davon auszugehen, dass die Grundgesamtheit in einer heterogenen Verteilung vorliegt, so gilt eine Stichprobe dann als repräsentativ, wenn die Wahrscheinlichkeit für das Eintreffen des Phänomens jeder Einheit größer als fünfzig Prozent ist[24]. Liegt in Bezug auf die zu untersuchende Grundgesamtheit allerdings eine Homogenität vor, so folgt der logische Schluss, dass bereits die Betrachtung eines einzelnen Falles zu einer Repräsentativität der Masse führt und demnach von einer Einheit auf die Gesamtheit geschlossen werden kann.

5 Inhaltsanalyse

5.1 Quantitative Inhaltsanalyse

5.1.1 Definition

Im Vergleich zu qualitativen Ansätzen, bei denen es vor allem darum geht, Inhalte des Textes transparent darzustellen und zu verstehen, steht bei der sogenannten quantitativen Inhaltsanalyse das Messen von Objekten im Vordergrund. Das gesamte Verfahren ist als statistisch-interpretativ aufzufassen und basiert auf einer Häufigkeitsuntersuchung zur systematischen Analyse von Materialinhalten unter der Prämisse zuvor festgelegter Kriterien. Ziel dabei ist es, die zu erfassenden Inhalte so objektiv und systematisch wie möglich zu beschreiben. Unter der Einhaltung klar definierter Regelungen, die sowohl die Kontrollierbarkeit als auch die Objektivität der Untersuchung gewährleisten sollen, liegt der Fokus ausschließlich auf eindeutigen Inhalten des Materials. Ein vorab entwickeltes System von eindeutig definierten

---

[24] vgl. Bortz et. al. (1995), S. 34ff

Kategorien bildet den Grundbaustein der quantitativen Inhaltsanalyse und bildet zugleich einen Leitfaden für die anschließende Ergebnisinterpretation[25].

In einem ersten Schritt erfolgt eine rein theoretische Abarbeitung des vorliegenden, zu erforschenden Problems. Nach der – auf Grundlage des Materials abgeschlossenen – Hypothesenbildung wird hinsichtlich des Untersuchungsziels erörtert, welche Spezifikationen, beziehungsweise inhaltliche Aspekte, konkret untersucht werden sollen. Darauffolgend wird in einem weiteren Teilschritt genauestens festgelegt, welche Texte des Materials in der Untersuchung Verwendung finden und damit für die quantitative Inhaltsanalyse überhaupt in Frage kommen. Bevor jedoch die eigentliche Analysearbeit durchgeführt wird, muss im Sinne des Ergebnisses eine sogenannte Zähleinheit, welche sich zum Beispiel in Form von Wörtern oder Teilen des Textes ausdrückt, vorab definiert werden. Ebenfalls im Voraus gilt es, exakt definierte Kategorien zu erstellen und diese in ein übergeordnetes System einzuordnen, um die Nachvollziehbarkeit der geleisteten Auswertung jederzeit zu gewährleisten. Die eigentliche Textarbeit besteht im Anschluss darin, die Kategorien den zuvor definierten Zähleinheiten zuzuordnen, wobei zu erwähnen ist, dass mehrere Kategorien auch einer einzelnen Zähleinheit zugeordnet werden können[26]. Ergebnisinterpretation erfolgen im weiteren Verlauf auf der Grundlage der statistischen Auswertung über die Häufigkeiten des Auftretens bestimmter Kategorien. Um die Analyseergebnisse zu verifizieren, kann die Durchführung der Auszählung beliebig oft wiederholt werden und anschließend im Hinblick auf die Ausgangshypothesen überprüft und interpretiert werden.

An dieser Stelle stellt sich heraus, dass latente Sinngehalte innerhalb der rein quantitativen Auswertung der Inhalte nicht erfasst werden können und somit der Kontext der einzelnen Bestandteile des Textes nicht in vollem Umfang berücksichtigt werden kann. Die Zuordnung der Kategorien zu den Zähleinheiten muss also ausreichend nachvollziehbar sein, um die Analyseergebnisse forschungsseitig zu verwerten.

5.1.2 Anwendungsfelder

Die quantitative Inhaltsanalyse wird in der empirischen Sozialforschung vorrangig dazu genutzt, eindeutige Materialinhalte so systematisch und objektiv wie möglich zu

---

[25] Vgl. Mayring (2003), S. 16ff.
[26] vgl. Mayring (2015), S. 633ff.

bearbeiten. Eine inhaltliche Erschließung der Texte ist an dieser Stelle nur bedingt vorgesehen, da vielmehr die Häufigkeitsuntersuchung von auftretenden Phänomenen oder Aspekten im Vordergrund steht. Dies impliziert, dass beispielsweise die psychische Beschaffenheit eines Individuums, auf dessen Grundlage ein Materialauszug basiert, nicht in Betracht gezogen wird, sondern lediglich Attribute auf statistischer Ebene quantifiziert werden. Zur Anwendung dienen als Materialgrundlage vor allem Interviewauszüge, Texte aus Zeitschriften oder Büchern jeglicher Art[27]. Daraus lässt sich ableiten, dass der Anwendungsbereich der quantitativen Inhaltsanalyse sehr breit aufgestellt ist und ohne Einschränkungen auf jegliche, wissenschaftliche Teilbereiche übertragen werden kann.

5.2 Qualitative Inhaltsanalyse

5.2.1 Definition

Inhaltsanalysen auf qualitativer Ebene stellen das am häufigsten angewandte, auswertende Prozedere zur Textbearbeitung im Hinblick auf die sozialwissenschaftliche Ergebnisforschung in der Erhebung von Daten dar. Wie der Name des Verfahrens impliziert, orientiert sich diese Form der Textanalyse an der qualitativen Auswertung von Kriterien und ist in Verbindung mit dem Wissen über die quantitative Inhaltsanalyse dazu in der Lage, auch umfangreiches Material zu bewältigen. Ein weiter Vorteil der qualitativen Inhaltsanalyse besteht darin, dass im Gegensatz zu rein statistischen Verfahren subjektive Eindrücke der Probanden innerhalb des Materials erfasst und ausgewertet werden können[28]. Damit etwaige Materialauswertungen einen forschungsseitigen Mehrwert liefern können und individuell überprüf- und nachvollziehbar sind, ist der Ablauf während des Analyseverfahrens streng regelgeleitet. Vorab festgelegte und im Laufe der Analyseschritte entwickelte Kategorien werden einzelnen Passagen des Textes in einem ersten Schritt zugeordnet und anschließend auf die Häufigkeit des Auftretens untersucht. In diesem Zusammenhang wird untersucht, ob spezifische Hypothesen, die innerhalb der Kategorien festgelegt sind, mehreren Textpassagen zugesprochen werden können. Die Kategorien sind also im Gesamtsystem als Werkzeug zur Bearbeitung des Materialinhalts zu verstehen und zielen darauf ab, Auswertungsinhalte kurz und

---

[27] vgl. Lutz (2006)
[28] vgl. Mayring (2015), S. 640f.

prägnant darzustellen. Durch diese manifestierten Kategorieninhalte wird ein im Sinne der Forschung systematisches Analysieren des vorliegenden Materials ermöglicht. Zu unterteilen ist diese Form der Inhaltsanalyse in 3 verschiedene Ablaufmodelle: Zum einen existiert die Form der explizierenden Analyse, welche darauf abzielt, Inhalte und vor allem undurchsichtige Textstellen durch die Integration von neuem Material transparent zu machen. Das Filtern von spezifischen Kriterien, die zur Abbildung des gesamten zu untersuchenden Materials führen soll, ist der Bestandteil einer sogenannten strukturierenden Inhaltsanalyse[29]. Wird das vorliegende Material so weit reduziert, bis ein transparenter und übersichtlicher Text, der ein konkretes Verständnis über die abgebildeten Inhalte liefern soll, entsteht, so spricht man von einer zusammenfassenden Inhaltsanalyse. Der Ablauf qualitativer Inhaltsanalysen lässt sich in folgendem Grundprinzip darstellen: Zunächst wird das vorliegende und zu bearbeitende Forschungsmaterial in ein sogenanntes Kommunikationsmodell eingeordnet, welches die Beziehungen und Einflüsse zwischen dem Produzenten des Textes, der Situation, in welcher der Text entstanden ist, dem soziokulturellen Hintergrund, den Wirkungen des Textes und der dazugehörigen Zielgruppe darstellt. Anschließend wird in einem weiteren Schritt entschieden, zu welchen der oben genannten Komponenten des Kommunikationsmodells kategoriengeleitete Schlussfolgerungen getroffen werden sollen[30]. Während des gesamten Analyseprozesses folgt die qualitative Inhaltsanalyse einem linearen Modell, da Regeländerung innerhalb der Auswertung im abschließenden Materialdurchgang für jede betroffene und zu überprüfende Textstelle konstant gehalten wird.

5.2.2 Anwendungsfelder

Ihre Anwendung findet die qualitative Analyse von Inhalten in der empirischen Sozialforschung und zielt darauf ab, spezifische Hypothesen zu finden und Theorien zu konkretisieren, beziehungsweise zu erstellen. Angewandt wird dieses Prozedere vor allem dann, wenn es darum geht, Zusammenhänge zwischen einer Vielzahl von Faktoren und Spezifikationen zu konstruieren. So können qualitative und quantitative Schritte im systematischen Analyseverfahren von Transkripten, die beispielsweise aus qualitativen Interviews oder Zeitschriften vorliegen, inhaltlich erschlossen werden und den Kategorien aus dem obergeordneten System zugeordnet werden. Auch Bild- und

---

[29] vgl. Mayring/Brunner (2006), S. 669ff.
[30] vgl. Mayring (2015), S. 642

Videomaterial kann im Rahmen einer qualitativen Untersuchung dahingehend ausgewertet werden, dass subjektive Eindrücke von Probanden kategorisiert und latente Sinngehalte erfasst werden können. Typische Anwendungsfelder finden sich vorrangig in den Bereichen der Entwicklungs- und Sozialpsychologie[31]. Die Anwendungsvielfalt lässt sich allerdings ohne Weiteres auf alltägliche Problemstellungen transferieren, was bedeutet, dass beispielsweise auch wirtschafts- und medienpsychologische Inhalte erörtert werden können. Die qualitative Inhaltsanalyse findet also immer genau dann Anwendung, wenn eine Relevanz darin besteht, latente Sinngehalte zu erfassen und im Sachzusammenhang zu evaluieren[32].

5.3 Notwendigkeit qualitativer Inhaltsanalyse

In den folgenden Abschnitten handelt es sich um fiktive, selbstständig erarbeitete Praxisbeispiele, an denen die Notwendigkeit einer qualitativen Inhaltsanalyse geprüft werden soll.

5.3.1 Praxisbeispiel 1

Innerhalb eines fiktiven Fallbeispiels wird ein Interview mit einer zuvor festgelegten Anzahl an Personen zum Thema Weihnachtsgeschenke durchgeführt. Die dabei erhobenen Daten sollen beispielsweise Aufschluss darüber geben, welche Arten von Geschenken gekauft werden, wie viel Geld Konsumenten im Regelfall pro Jahr für derartige Präsente ausgeben, an welche – beziehungsweise wie viele – Personen jährlich Geschenke verteilt werden und wie die Beschaffung der Waren angegangen wird. Diese Fragestellungen werden also zunächst im Rahmen der Textbearbeitung in Kategorien umformuliert, um eine systematische Analyse zu gewährleisten.

Aus dem rein logischen Ansatz einer Inhaltsanalyse folgt, dass derartige Kategorien des Gesamtsystems offensichtlich den als Kodiereinheit fungierenden Passagen des Textes zugeordnet werden können. Wird an dieser Stelle der qualitative Aspekt außer Acht gelassen, so folgt eine reine Häufigkeitsuntersuchung auftretender Begriffe und Kennzahlen, welcher zur quantitativen Auswertung im statistisch-interpretativen Sinne genutzt werden. Denkbar ist eine aus der Textanalyse abgeleitete Aussage darüber, ob Menschen ihre Weihnachtsgeschenke eher in Ladenlokalitäten kaufen oder diese im Internet bestellen.

---

[31] vgl. Lutz (2006)
[32] vgl. Mayring (2010), S. 643f.

An dieser Stelle kristallisiert sich die Notwendigkeit der qualitativen Inhaltsanalyse heraus: Ohne eine vorherige Einordnung in ein Kommunikationsmodell lassen sich keine konkreten Aussagen über die Beweggründe zur Kaufentscheidung der interviewten Personen treffen, da ihre emotionale Beschaffenheit zum Zeitpunkt des Interviews nicht in die Auswertung einfließt. Ebenfalls ist beispielhaft anzumerken, dass die auftretende Häufigkeit aller Personen, die null Geschenke an Weihnachten einkaufen, zwar im Rahmen einer quantitativen Analyse erfolgen kann, der Beweggrund, welcher sich zum Beispiel auf religiöse Hintergründe beziehen könnte, nur im Rahmen einer qualitativen Herangehensweise ermittelt werden kann.

5.3.2 Praxisbeispiel 2

In einem weiteren Gedankenexperiment sollen Mitarbeiter von verschiedenen Unternehmen der gleichen Branche zum Thema „Atmosphäre und Bedingungen am Arbeitsplatz" interviewt werden. Vorab entwickelte Kategorien sollen beispielsweise Passagen des Textes bezüglich der Pauseneinheiten, der Arbeitszeiten, der Chancengleichheit und der Entlohnung zugeordnet und anschließend ausgewertet werden.

Auch hier wird schnell deutlich, dass die Quantifizierung bestimmter Eigenschaften keinerlei Hürden aufweist. So ist es im statistisch-interpretativen Rahmen definitiv möglich, sich einen textanalytischen Eindruck beispielsweise hinsichtlich der Verteilung der Auswahl des Mittagessens zu bekommen. Allerdings berücksichtigt in diesem Falle keine der genannten Kategorien etwaige, soziokulturelle Hintergründe oder die persönliche Beschaffenheit im Rahmen des Interviews.

Notwendig wird die Analyse qualitativer Inhalte also an dieser Stelle genau dann, wenn die persönliche Motivation zur Aussage des Interviewten hinterfragt und ausgewertet werden soll. So müssen – im Beispiel der Auswahl des Mittagessens – in Anbetracht einer qualitativen Auswertung ebenfalls individuelle Bedürfnisse und Einschränkungen, beispielsweise durch Allergien, einbezogen werden, um einen höheren Mehrwert für das Ergebnis der Forschungsarbeit zu generieren.

6 Anhang

6.1 Anhang 1 – Interviewleitfaden

Forschungsfrage: „Was bewegt Individuen dazu, eine Zeitschrift *längerfristig* zu abonnieren?"		
Leitfrage, Erzählimpuls	**Kategorienzuordnung (MEMO)**	**Aufrechterhaltungsfragen**
Einleitungsfrage: „Erzählen Sie doch mal, welche Zeitschriften bekommen Sie regelmäßig nach Hause geliefert?"	Mediennutzung(/-art), Abwechslungswunsch	
„Gibt es noch weitere Zeitschriften, die Sie abonnieren und wenn ja, welche sind das?"	Mediennutzung(/-art), Abwechslungswunsch	„Möchten Sie mir noch etwas zu diesen Zeitschriften erzählen?"
„Seit wann bekommen Sie Zeitschrift XY?"	Zufriedenheit, soz.-ökonom. Hintergründe	„Überlegen Sie in Ruhe."
„Wie lange läuft Ihr aktuelles Abonnement noch?"	Abwechslungswunsch	„Wie ist das für Sie?"
„Erläutern Sie mir bitte einmal, warum Sie die Zeitschrift weiterhin abonnieren/abstellen wollen."	Mediennutzung(/-art), Abwechslungswunsch, soz.-ökonom. Hintergründe	„Hat auch XY einen Einfluss auf die Tatsache, dass Sie die Zeitschrift abonnieren/abstellen wollen?"
„Nutzen Sie neben den von Ihnen genannten Zeitschriften noch andere Medien? Wenn ja/nein, warum?"	Zufriedenheit, Mehrwert, Kostenfaktor	„Das kann ich gut nachvollziehen. Ist auch XY ein Grund dafür?"
„Mich interessiert besonders, was Ihnen an Zeitschrift XY gefällt."	Zufriedenheit, Mehrwert, Abwechslungswunsch, Kostenfaktor	„Können Sie mir dazu ein Beispiel nennen?"
„Gibt es auch Inhalte, die Sie sich zusätzlich wünschen oder die Sie vermissen?"	Zufriedenheit, Mehrwert, Abwechslungswunsch, Kostenfaktor	„Beschreiben Sie dies doch einmal genauer."
„In Ihrem näheren sozialen Umfeld (Freunde, Familie, Arbeitskollegen, ...) abonnieren doch sicherlich einige Personen diese Zeitschrift, oder? Wenn ja, wer?"	soz.-ökonom. Hintergründe, Mediennutzung(/-art)	„Ihre Kinder/Eltern/... erhalten doch sicherlich auch regelmäßig die Tageszeitung. Wie ist das bei denen?"
„Darf ich Sie fragen, was Sie monatlich für Abonnementzeitschriften ausgeben?"	Zufriedenheit, Kostenfaktor	„Wie ist das für Sie?"
„Spielt der Kostenfaktor der Zeitschrift denn überhaupt eine entscheidende Rolle bei der Auswahl dieser?"	Zufriedenheit, Kostenfaktor, Mediennutzung(/-art)	„Wäre es beispielsweise in Ordnung für Sie, wenn die Zeitschrift im nächsten Monat teurer wird?"
„Die Zeitschrift XY ist in Ihrem Leben alltäglich präsent. Welchen Mehrwert liefert Sie Ihnen?"	Mehrwert, Zufriedenheit, soz.-ökonom. Hintergründe, Abwechslungswunsch	„Erzählen Sie doch mal, welche Informationen Sie der Zeitschrift entnehmen."
„Welchen Einfluss hätte eine Kündigung der Zeitschrift auf Ihr alltägliches Leben?"	Mehrwert, soz.-ökonom. Hintergründe, Kostenfaktor	„Stellen Sie sich vor, die Zeitschrift würde morgen nicht mehr produziert werden. Wie ist das für Sie?"
Abschließende Frage: „Vielen Dank schon einmal im Voraus für das offene Gespräch. Meine letzte Frage lautet: Möchten Sie noch etwas zum Thema Abonnementzeitschriften erzählen? Ich bin sehr interessiert an Ihren Eindrücken."		„Lassen Sie sich ruhig Zeit. Erzählen Sie mir alles, was Ihnen dazu einfällt."

Quelle: eigene Darstellung

6.2   Anhang 2 – Kurzfragebogen

Kurzfragebogen im Rahmen des Interviews

Name	
Adresse	
Telefonnummer	
Alter	
Geschlecht	
Nationalität	
Beruf, Tätigkeit	
Wie viele Zeitschriften abonnieren Sie derzeit?	
Welche Zeitschriften abonnieren Sie derzeit?	
Erzählen Sie etwas über Ihre Person.	

Quelle: eigene Darstellung

6.3 Anhang 3 – Beiblatt

Beiblatt im Rahmen des Interviews

Beschreibung der Person	
Beschreibung der Situation	
Auffälligkeiten	
Subjektive Eindrücke	
Sonstiges	

Quelle: eigene Darstellung

23   Literaturverzeichnis

7 Literaturverzeichnis

Bühler-Niederberger, D. (1985). *Analytische Induktion als Verfahren qualitativer Methodologie.* F. Enke Verlag Stuttgart.

Bortz, J., & Döring, N. (1995). *Forschungsmethoden und Evaluation für Sozialwissenschaftler.* Springer VS.

Breuer, F. (2009). *Reflexive Grounded Theory - Eine Einführung in die Forschungspraxis.* Springer VS.

Breuer, F., & Schreier, M. (2007). *Lehren und Lernen qualitativer Forschungsmethoden.* VS Verlag.

Flick, U. (2007). *Qualitative Sozialforschung: Eine Einführung.* Rowohlt-Taschenbuch-Verlag.

Hagen, L. (2006). *Technische Universität Dresden.* Von (Quantitative) Inhaltsanalyse. Einführung in die Methoden der empirischen Sozialforschung II.: https://tu-dresden.de/gsw/phil/iso/mes/ressourcen/dateien/prof/lehre/unterlagen_ringvorlesung/IA-Ringvorlesung-ss07.pdf?lang=en abgerufen

Mayring, P. (2010). *Qualitative Inhaltsanalyse. Grundlagen und Techniken.* o.O.: Beltz Pädagogik.

Mayring, P., & Brunner, E. (2007). Qualitative Inhaltsanalyse. In R. Buber, & H. Holzmüller, *Qualitative Marktforschung* (S. 669-680). o.O.: Springer Verlag.

Mayring, P., & Fenzl, , T. (2019). Handbuch Methoden der empirischen Sozialforschung. In Q. Inhaltsanalyse, *Handbuch Methoden der empirischen Sozialforschung* (S. 633ff). o.O.: Springer VS.

Patton, M. Q. (2002). *Qualitative Research & Evaluation Methods.* SAGE.

Rogall, D. (2000). Entwicklung eines marketingorientierten Konzeptes zur Steigerung der Leserbindung am Beispiel lokaler/regionaler Abonnementzeitschriften. In *Kundenbindung als strategisches Ziel des Medienmarketings* (S. 150f.). Marburg: Tectum.

Schreier, M. (2010). Absichtsvolle Stichprobenziehung und Kriterien der Fallauswahl. In G. May, & Mruck, Karin, *Handbuch Qualitative Forschung in der Psychologie.* VS Verlag.

BEI GRIN MACHT SICH IHR WISSEN BEZAHLT

- Wir veröffentlichen Ihre Hausarbeit,
  Bachelor- und Masterarbeit

- Ihr eigenes eBook und Buch -
  weltweit in allen wichtigen Shops

- Verdienen Sie an jedem Verkauf

Jetzt bei www.GRIN.com hochladen und kostenlos publizieren